Steffi Lofeldt

Wohl & Schmerz Liebe

Poesie und Kunst

Buch

Das Buch ‚Wohl & Schmerz Liebe' enthält 100 Gedanken und Gedichte. Es ist Poesie über die Liebe in all ihren Facetten. Gefühle wurden in Verse verdichtet. Sie regen zum Nachdenken, zum Träumen und Schwärmen an. Es ist Gedankengut übers Lieben, Verlieben und Glücklichsein – aber auch Gegensätzliches: Liebeskummer, Trauer … Herzen brechen, sie zersplittern und sind oft erfüllt von tiefer Traurigkeit. Sie heilen (vielleicht) irgendwann, sind voller Hoffnung und können neu lieben. Ein Auf und Ab … ein Wechselbad der Seelenregung, eine emotionale Reise … und dann wäre da noch die ewige Liebe – jene, die alles überdauert … selbst den Tod. Das Geschriebene entstand in den letzten Wochen, Monaten und Jahren – das älteste Gedicht stammt aus dem Jahre 1993. Es heißt: ‚Der Fluss aus Tränen'

Begleitet werden die Texte von zahlreichen Zeichnungen der Autorin.

Autorin

Steffi Lofeldt wurde 1976 in Bremen geboren und lebt heute mit ihrem Mann, den drei Töchtern und dem Familienhund südlich der Hansestadt. Bereits im Teenageralter begann die gelernte Schifffahrtskauffrau Kurzgeschichten und Gedichte zu schreiben. Seit 2022 kann man auf ihrem Instagram Account @steffilofeldt viele ihrer Texte lesen. Im Selfpublishing veröffentlicht sie seit 2024. Bisher drei Gedichtbände, ein Kreativbuch und einen Liebesroman. Weitere Bücher sind in Vorbereitung.

Außerdem wurden mehrere ihrer Kurzgeschichten und Gedichte in verschiedenen Anthologien publiziert.

Neben dem Schreiben gilt ihre Leidenschaft der Malerei. Sie gestaltete das Cover.

Steffi Lofeldt

Wohl & Schmerz Liebe

Poesie und Kunst

Bibliografische Information der Deutschen Nationalbibliothek:
Die Deutsche Nationalbibliothek verzeichnet diese Publikation in der Deutschen Nationalbibliografie; detaillierte bibliografische Daten sind im Internet über dnb.dnb.de abrufbar.

Instagram @steffilofeldt
http://steffi-lofeldt.jimdosite.com

Texte, Zeichnungen, Cover- und
Innengestaltung: Steffi Lofeldt

3. Auflage Januar 2026

Verlag: BoD · Books on Demand GmbH, Überseering 33,
22297 Hamburg, bod@bod.de
Druck: Libri Plureos GmbH, Friedensallee 273, 22763 Hamburg
ISBN: 978-3-7597-0736-9

René, Lina, Marie, Emma
In Liebe – von Herzen

Bis zum Mond und wieder zurück

Inhaltsverzeichnis

Feuer fangen
Vernarrt sein
Verschossen
Schmetterlinge im Bauch
Von Amors Pfeil getroffen

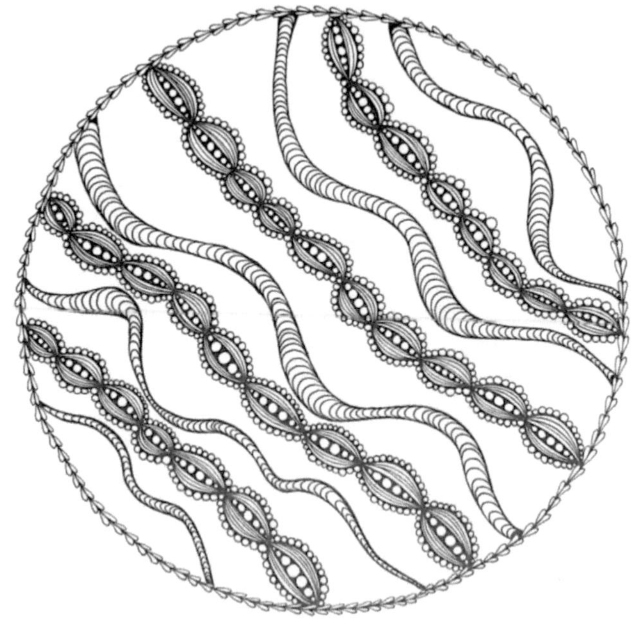

Im Vorbeigehen

Nur ein Blick

Dein kleines Lächeln

Ist mein ganzes Glück

Sehnsüchtig

Bebt mein liebeskrankes Herz
Mein Puls rast, wenn ich dich seh
Wenn ich mal wieder wie ein Trottel
Blöd grinsend vor dir steh

Wenn mir Worte fehlen
Die ich so gerne sagen will
Stattdessen werd ich rot
Und bin ganz still

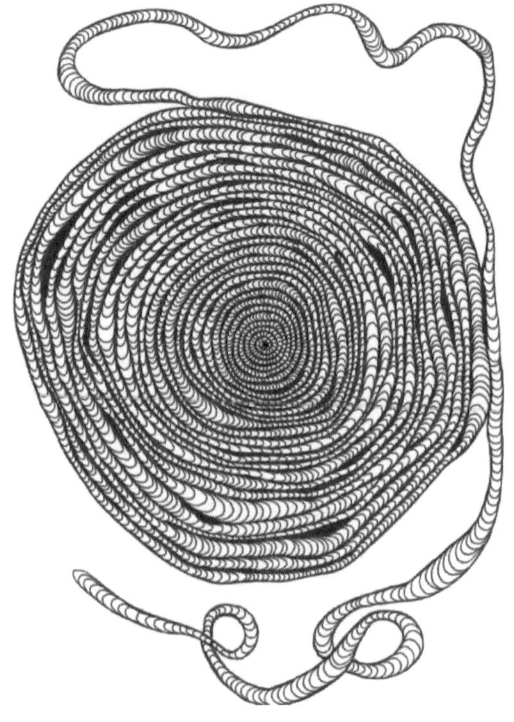

Gedankennebel

Rosarotes Stolpern

Das mit Liebe infizierte Herz

Hör ich ganz unrund poltern

Lustwandelnd. Ungeschickt

Gefühlsbetrunken. Von Sinnen

Bin ich den ganzen Tag am Grübeln

Wie kann ich dich für mich gewinnen

Messerscharf

ist dein Verstand
Attraktiv bist du und so charmant
Und ich hörte ganz privat
Seist du sehr gerne dominant

Würde mit dir gehen
Sofort machen, was du willst
In der Hoffnung, dass du
All meine Sehnsucht stillst

Doch du
Du siehst mich einfach nicht
Ich bin der Schatten
Du das Licht

So brenne ich aus
Bedrückt. Gänzlich unerfüllt
Du bleibst ein Traum
Messerscharf und hübsch umhüllt

Lang nicht mehr gesehen

Dachte, Gefühle vergehen

Irrtum, merke ich

Als wir uns gegenüberstehen

Du mich anschaust

Und direkt in meine Seele blickst

Mein Herz ist wieder angefixt

Es geht von vorne los

Und das Sprechen fällt mir schwer

Wenn du in meiner Nähe bist

Ich bin konfus

Benehme mich dämlich

Sehe weg, gehe weiter

Und ärgere mich

©Steffi Lofeldt

Verzückung

Überall Glimmer
Überall Schimmer
Bin von Sinnen
Fang an zu spinnen
Mein Herz brennt
Meine Güte, wie es rennt
Bin nahezu atemlos
Hab im Hals nen dicken Kloß
Ich schwitze
Hab furchtbare Hitze
Alles wegen dir
Was machst du bloß mit mir
Als wär ich plötzlich dumm
Bin ich temporär stumm
Hab Endstress
Weil ich bei dir alle Worte vergess
Schau dich ständig heimlich an
Wie nur komm ich an dich ran
Oh, ich bin völlig verrückt
Bin von dir so endlos verzückt

©Steffi Lofeldt

Tagtraum

Ohne Zeit. Ohne Raum
Ohne Ende
Erleben wir Herzbrände
Sind Liebende. Schweben im Glück
Unendlichkeit und wieder zurück
Du und ich
Sind gar unersättlich
Perfekte Begleiter
Höher. Schneller. Weiter

Dein Blick ist fragend
Meine Stimmung überragend
Du bist irritiert
Ich äußerst amüsiert
Muss grinsen. Mir ist heiß
Meine Gedanken richtig nice

Dieser Tagtraum
Rosarot getränkt
Hat mich soeben abgelenkt
Warst mir nicht mehr fremd
Wir – ganz vertraut
Hab noch immer eine Gänsehaut

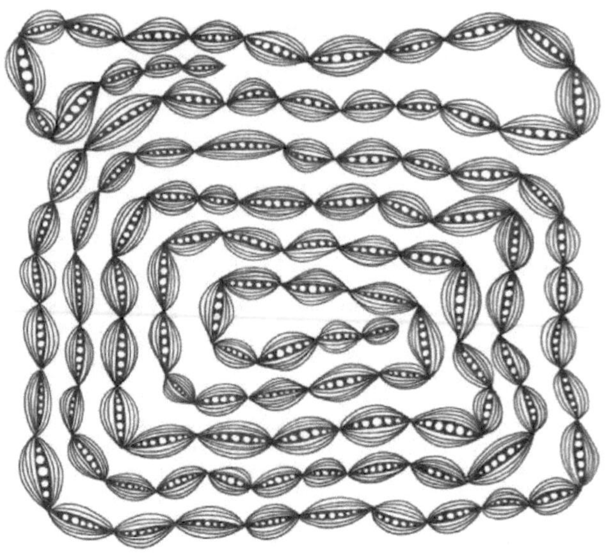

©Steffi Lofeldt

Es sind deine Blicke

Die meine Seele zärtlich streifen

Die nach meinem Herzen greifen

Die mich berühren

Die mich verführen

Deine Blicke sind es

Die Spuren hinterlassen

Mir mitunter Atemnot verpassen

Sie sind es, die in jede Zelle dringen

Und mich schier ins Wanken bringen

Du siehst mich an und die Welt steht still

Du bist alles – alles, was ich will

In deinen Augen

Erblick ich Seelenschönheit
Welch liebes Leuchten

Glücksgefühle

Rauben mir den Verstand

Seitdem ich dich traf

Und in der Nacht, da stiehlt mir

Die Sehnsucht nach dir

Gnadenlos den Schlaf

Glücksgefühle

Packen mich

Wirbeln mich auf, tanzen in mir

Machen mich liebestrunken

Ich verlier die Kontrolle

Wegen dir

©Steffi Lofeldt

Aura

Es ist deine Aura
Die mich so besonders stimmt
Es ist deine Aura
Die mir beizeiten den Atem nimmt

Bin ich bei dir
Ziehst du mich in deinen Bann
Da ist Magie in der Luft
Dass ich gar nicht anders kann

Als dir bedingungslos
Und gänzlich zu verfallen
Bin süchtig danach, dass unsere
Welten aufeinanderprallen

Es ist deine Aura
Die meine Seele belebt
Es ist deine Aura
An der mein Herz so klebt

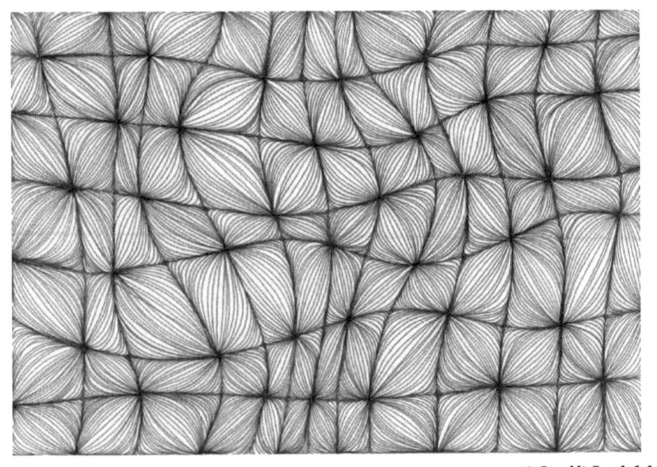

Angekommen bei dir
Geborgen im WIR

Liebe

Zuneigung

Und Geborgenheit

Leidenschaft

Hingabe

Und Innigkeit

©Steffi Lofeldt

An deiner Seite

Fühle ich Geborgenheit

Ich lausche tief in uns hinein

Und spüre unserer Herzen Einigkeit

©Steffi Lofeldt

Fieber

Mein Herz brennt lichterloh
Hab mir Liebe eingefangen
Seh dich an mit raschem Puls
Wie im Fieber. Rote Wangen

Es geht dir ähnlich
Auch du stehst voll in Flammen
Komm und küss mich schnell
Dann brennen wir zusammen

©Steffi Lofeldt

In deinen Armen

Schlaf ich ein
Geborgenheit im Ganzen
In tiefer Nacht, da werd ich wach
Gedanken fangen an zu tanzen

Ich seh dich an. Im Schlaf
Im Mondschein. Wie ich dich liebe
Mein Herz. Das klopft mir wild
Du merkst nicht, wie ich mich an dich schmiege

Die Gier nach dir wird riesengroß
Mit zarten Küssen weck ich dich
Du öffnest deine müden Augen
Ein Blick von mir, dann schnappst du mich

©Steffi Lofeldt

Ein Knistern

Von Anbeginn

Komm und raub mir

Sinn für Sinn

Wenn du mich berührst

Nur kaum. Ganz zart

Dann spür ich ihn sofort

Diesen Stromschlag

Voller Elektrizität

Ist unsere Atmosphäre

Und nach allen Arten der Kunst

Erleben wir UNS, als ob da kein Morgen wäre

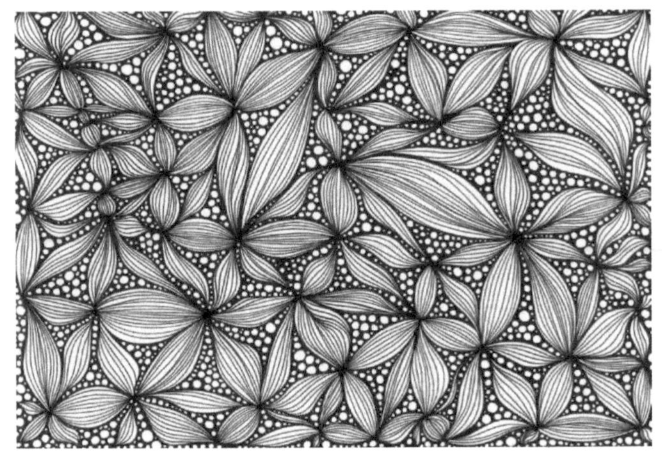

©Steffi Lofeldt

Deine Liebe

Schmeckt wie Eiscreme

Kribbelt wie Brause

Ich laufe wie barfuß auf Wolken

Wenn ich an dich denke

Mitunter dreht sich alles

Wie nach zu viel Prosecco

Beschwipst

Wie fliegen

Locker leicht

Ich könnt die Welt umarmen

So glücklich bin ich

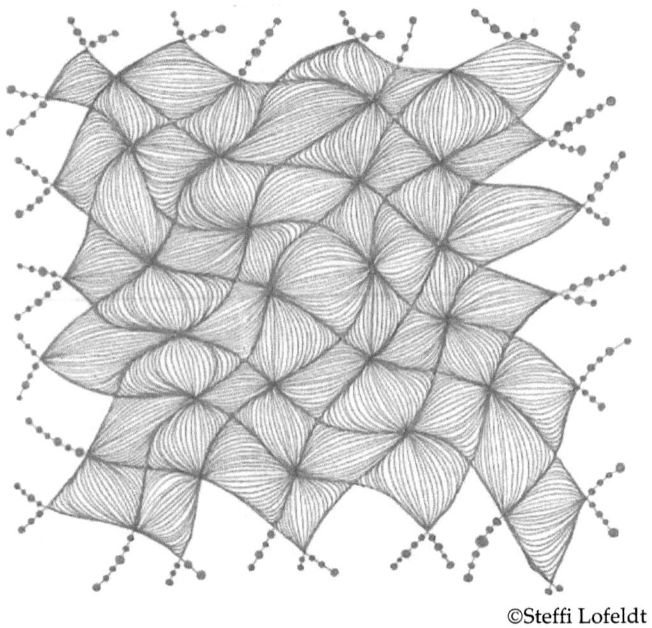

©Steffi Lofeldt

Der Geschmack der Lust

Wir haben uns gekostet
Und wollten immer mehr
Gab vieles zu erforschen
Welch zuckersüß Dessert

Nun – nach Jahren
Trotz all dem Alltagsfrust
Vergöttern wir noch immer
Uns und den Geschmack der Lust

©Steffi Lofeldt

Ich trage

Stolz dein schönes Herz

Wie einen holden Schatz umher

Und weil deine Liebe mich beflügelt

Wird es gar niemals mir zu schwer

©Steffi Lofeldt

Leicht

Verweilen
Am Strand
Wir. Verliebt
In einem fernen Land

Die Wellen voraus
Kommen und gehen
Könnt ihnen wahrlich
Ewig zusehen

Die Sonne scheint
So herrlich warm
Ich lieg entspannt
In deinem Arm

Die Brise
Erfrischend
Die Getränke
Kühl – zischend

Spüre Glück
Ziel erreicht
Wir leben unser Leben
Leicht

©Steffi Lofeldt

Leuchten

Unsere glücklichen Seelen
Leuchten gemeinsam
Wir brauchen kein Licht
In dunkelster Nacht

Unsere wilden Herzen
Schlagen vereint
Wir tanzen zu ihrem Rhythmus
Infiziert mit endloser Liebe

©Steffi Lofeldt

Strahlend stehst du vor mir

Dein Lächeln steckt an
Schickst einen brennenden Pfeil
Mitten in mein Herz
Entzündest mich

Lichterloh in Flammen spür ich
Dein Licht. Deine Wärme
In jeder Faser meines Körpers
Allgegenwärtig

Du hast diese Zauberkraft in dir
Du machst dunkle Tage hell
Verwandelst Kälte in Wärme
Mit nur einem Blick

Dein Zauber liebkost meine Seele
Breitet sich dort wohlwollend aus
Schenkt mir Frieden
Gibt mir Halt

Du mit deiner Makellosigkeit
Bist vielleicht nicht von dieser Welt
Meine Sonne. Mein Zuhaus
Mit dir an meiner Seite ist
Vollkommenheit in Wärme vereint

Frieden

In deinen Armen

Finde ich Frieden

Und ich kann nicht genug

Davon kriegen

Für mich bist du

Sinnesräuber

Kopfverwirrer

Leidenschaftler

Liebeskünstler

Herzentflammer

Seelenkrauler

Gedankenbeherrscher

Bewusstseinsbestrahler

Horizonterweiterer

Zärtlichkeitsverabreicher

Geborgenheitsverteiler

Momentverewiger

Erinnerungsgestalter

©Steffi Lofeldt

Jede Faser

Wildes Herz

Schneller Atem

Deine Augen sind

So voller Gier

Ich spür sie auch

Wirklich jede Faser

Meines Körpers

Verzehrt sich nur nach dir

©Steffi Lofeldt

Vereinigung

Nach inniger Vereinigung

Mit herrlicher Erkundigung

Nebst reger Betätigung

Infolge tiefer Zuneigung

Und süßer Begeisterung

Folgt nach finaler Sättigung

Die temporäre Entkräftigung

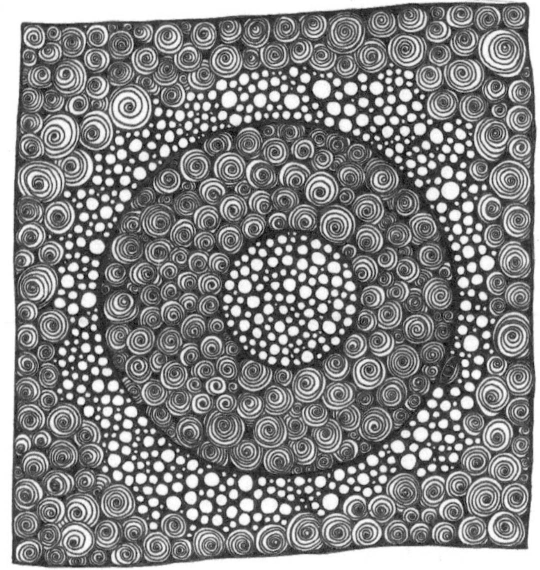

©Steffi Lofeldt

Bei dir

Bei dir komm ich zur Ruh

Bei dir ist Stress mal aus

Bin an deiner Seite

Um zu bleiben

Denn du

Bist mein Zuhaus

©Steffi Lofeldt

Federleicht

Die Zeit mit dir

Vergeht wie im Flug

Ist kostbar

Ist federleicht

Herz an Herz

Große Gefühle

Eine Liebe

Die für immer reicht

Heimat

Da ist mein Herz
Da kann ich sein
So wie ich bin
Dort fühl ich mich wohl

Heimat
Wärmt mich behaglich
Tut mir gut
Sie ist Zuflucht
Und mein Ruhepol

Wenn ich so überleg
Was Heimat ist
Dann fühl ich glücklich
Dass du das bist

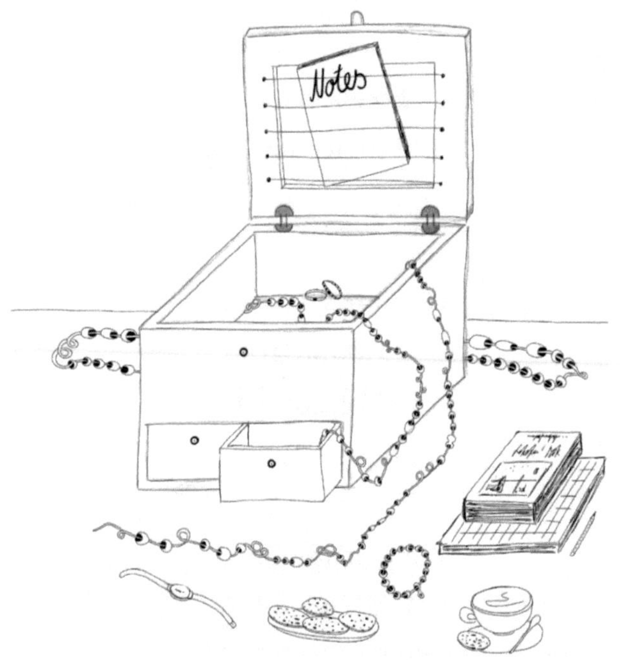
Notes

Ich schreib dir ein Gedicht

Dass ich dich liebe
Sagte ich dir
Es mal in Verse zu fassen
Gefiele mir

So nehm ich Stift
Und schönes Papier
Ein Liebesgedicht
Das schreib ich dir

Such motiviert nach Zeilen
Der romantischen Sorte
Ich denk fest an dich und
Durcheinander sind die Worte

Ich stutze. Grüble
Nichts würde dir gerecht
Die Reime, die ich hier versuche
Sind allesamt so grottig schlecht

Schwerer als gedacht
Ich werd nervös
Das Dichten. Verse schmieden
Macht mich ganz porös

Gedanken schweifen ab
Du, mein liebstes Licht
Denk an dich. Deine Güte
Dein Lächeln. Dein Gesicht

Mein Herz fängt an zu hüpfen
Während ich so überleg
Mir wird ganz dolle flattrig
Die Sinne sind erregt

Ich möchte dich jetzt sehen
Lieb so unser schönes WIR
Dann seufze ich und blicke
Auf das Blatt vor mir

Kein einzig Wort schrieb ich
Das Papier blieb gähnend leer
Mir fehlt offenbar Talent
Die Erkenntnis trifft mich sehr

Ich dacht, ich könnte reimen
Es wär so schön gewesen
Hätt dich verliebt angesehen
Still betrachtet. Dich beim Lesen

Stift, Papier kommen in den Schrank
Ich ärgere mich noch eine Weile
Dann spür ich Sehnsucht
Nach dir. Sie wächst. Mit großer Eile

Nehm mir schnell das Telefon
Und freu mich dir zu lauschen
Bin stets überwältigt
Deine Stimme kann berauschen

Nach dem Gespräch, oh Wunder
Fallen mir arg viel Verse ein
Worte, Silben bilden schöne Reime
Wie kann das plötzlich möglich sein

Und ohne lang zu zögern
Greif ich erneut den Stift. Zück Papier
Und verschmelze mit den Worten
Reim mich in Gedanken ganz zu dir

Am Ende falte ich zusammen
Was ich im Wahn hab hergestellt
Bin aufgeregt, es dir zu geben
Soll ich? Ob es dir gefällt?

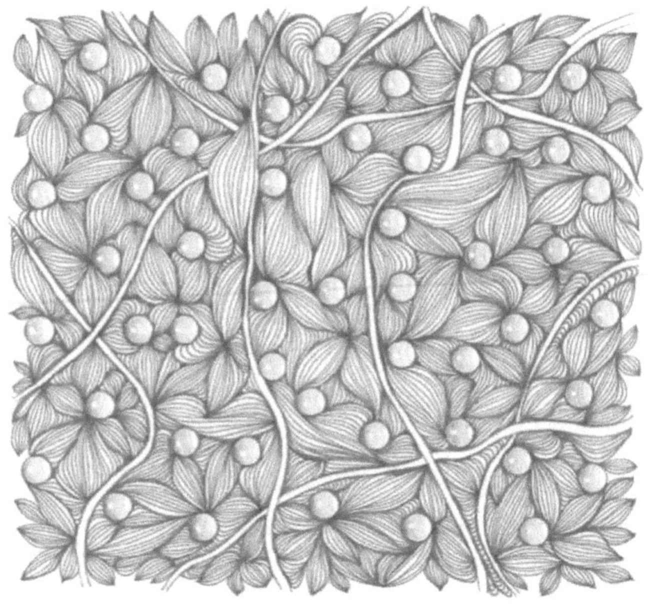

Ich habe deine Liebe

Inniglich verinnerlicht
Sie wurde mein Herzschlag
Ohne sie lebe ich nicht

©Steffi Lofeldt

Gedankengespiegelt

Du siehst mich voller Wollust an
Ich grinse
Bin komplett entriegelt

Meine gierigen Gedanken
Hast du längst erkannt
Denn sie haben sich mal wieder
In meinen Augen gespiegelt

©Steffi Lofeldt

Deine Liebe

Leuchtet wie ein Licht
In dunkelster Nacht
Sie führt mich hinaus
Aus der Finsternis
Und erhellt mich gänzlich
Durch ihre Leuchtkraft
Funkelt meine Seele
Strahlen aus gleißendem Licht
Illuminieren mein Herz
Erleuchten jede Faser meines Körpers
Strömen durch meine Blutbahn
Und immerwährende Blitze erzeugen
Frieden und Glück
In den abgelegensten Regionen
Meines Daseins

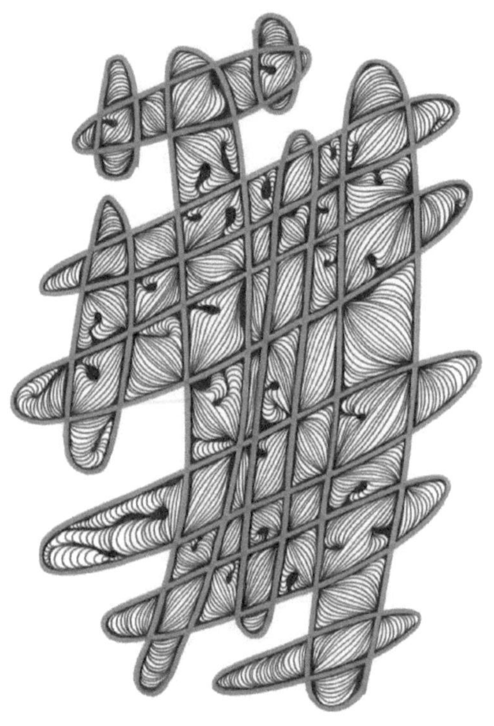

Barfuß

Barfuß im Regen

Lustwandeln wir zwei

Wir haben nur uns

Und unsere Liebe dabei

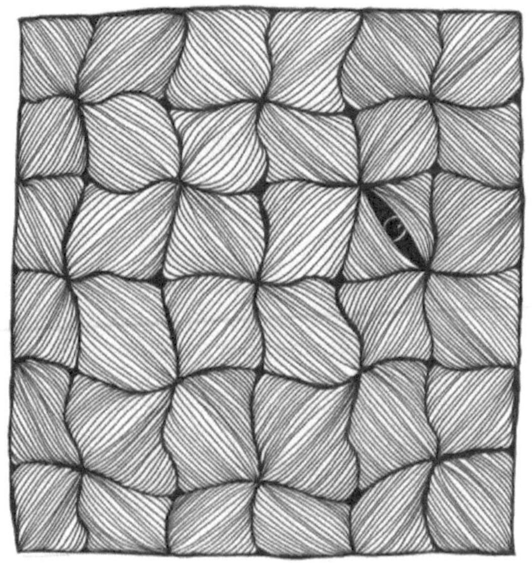

©Steffi Lofeldt

So wie du bist

Ein Konzert
In meinem Kopf
Gespielt wird dein Name
Immer nur dein Name
In Endlosschleife

Eine Vernissage
In meinem Kopf
Sie zeigt dich
Immer nur dich
Wunderbar
So wie du bist

©Steffi Lofeldt

Wenn deine Liebe

Wasser ist
Dann trink ich bis zum Schluss

Wenn deine Liebe Feuer ist
Dann brenn ich mit Begeisterung

Wenn deine Liebe Erde ist
Dann leg ich mich
Steh nie wieder auf

Wenn deine Liebe Eis ist
Dann frier ich bereitwillig

Sollte deine Liebe Luft sein
Atme ich sie, solange ich darf

Bedeutet deine Liebe Licht
Dann blende mich

Bedeutet deine Liebe Dunkelheit
Dann umgib mich mit Finsternis

♡

Lass uns …

Noch ein bisschen träumen

Stell dir vor, es könnt für immer sein

Ich halt den Augenblick fest

Atme aus und atme ein

Lass uns …

Noch ein bisschen in Emotionen verweilen

Denn diese hier – genau die

Sind die, die die Seele heilen

Ich spür mein Herz

Vor Liebe so weit

Lass uns den Moment genießen

Hier und jetzt. In Dankbarkeit

Entlieben

Verlassen

Freigeben

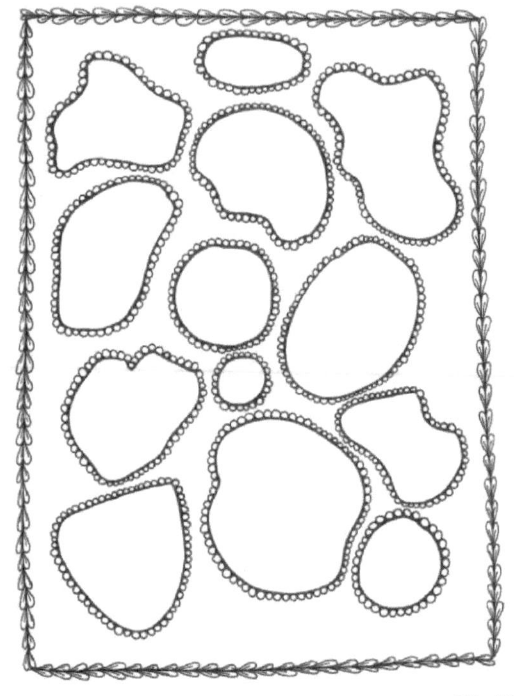

Bauchgefühl

Du wirkst schier verändert
Unwirsch, egoman und kühl
Gespräche dornig. Geh auf Abstand
So rät es mir mein Bauchgefühl

-√-

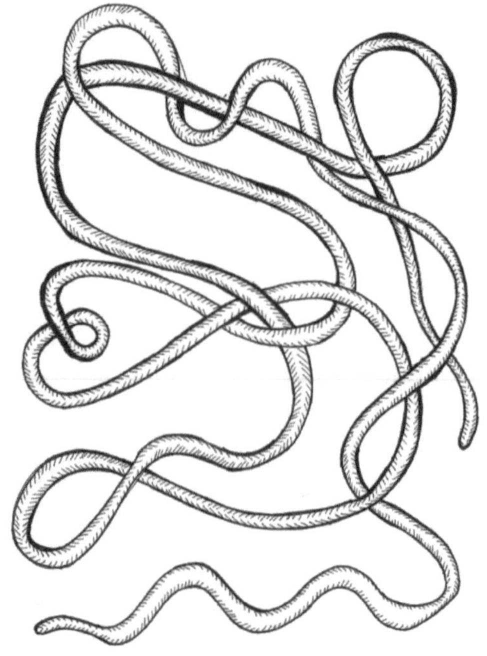

Loslassen

Ich seh dich an
So sehr lieb ich dich
Und ich weiß genau
Du liebst mich nicht

Für dich
Ist alles nur ein Spiel
Etwas Echtes mit mir
War nie dein Ziel

Du sagst, die Liebe
Wirst du nie verstehen
Du lachst. Kann Hohn
In deinen Augen sehen

Hilflos. Haltlos
Steh ich vor dir
Dein Grinsen eiskalt
Es fröstelt mir

Ich weiß es längst
Doch mein Herz kann es nicht fassen
Der einzige Ausweg ist
Dich endlich loszulassen

©Steffi Lofeldt

Ein Relikt

Das mir von uns bleibt
Ist ein Schuhkarton voller Vergangenheit
Dieser Schatz behütet Erinnerungen
Liebeserklärungen
Auf schönem Papier
Allesamt geschrieben von dir
Verfasst von zarter Weise
Und so oft – still und leise
Lese ich. Reise zurück
Gedanken. Momente im Glück
Geborgenheit weilt zwischen den Zeilen
Wohlig warm kann ich in ihnen verweilen
Finde Frieden in so manchem Wort
Träume mich zu dir hinfort
Der letzte Brief im Karton
Wiegt elend schwer – wie Beton
Wenn du mir zum Abschluss schreibst
Dass du für immer bei mir bleibst

-/\/-

©Steffi Lofeldt

Leere

In deiner Atmosphäre
Spüre ich nichts als Leere
Du bist dein eigener Planet
Auf dem sich alles nur um dich dreht

Bei dir. In deiner Atmosphäre
Ist mir ständig schrecklich kalt
Deine Wärme reicht nur für dich
Du allein hast deine Aufmerksamkeit

Eine Weile flieg ich traurig nebenher
Das Mithalten fällt mir wahrlich schwer
Du schaust mich nicht mal an
Siehst nicht, dass ich nicht mehr kann

All mein Betteln, Flehen
Nichts kommt bei dir an
Du bist DIR wichtig
Da kommt keiner ran

Hab letztlich deine Umlaufbahn verlassen
Seh dir nach. Seh dich am Horizont verblassen
Leb wohl. Eine Träne. Hab dich sehr geliebt
Tu es noch. Ob mein Herz mir je vergibt?

©Steffi Lofeldt

Ich seh dich an

Spüre mein Herz
Ist meilenweit
Entfernt
Von deinem

Deine Traurigkeit
Erdrückt mich
Lässt mich kaum atmen
Meine Liebe ging
Deine Liebe ist noch da
Ich kann es nicht ändern
Es tut mir leid

Wenn ich könnte
Würde ich etwas tun
Würde mich zwingen dich zu lieben
Doch mein Herz hat entschieden
Wir zwei … das ist nicht mehr

In deinen Augen sind Tränen
Aus dir schreit der Schmerz
Mein Verlassen
Du wirst mich dafür hassen
Ich weiß, es ist nicht fair

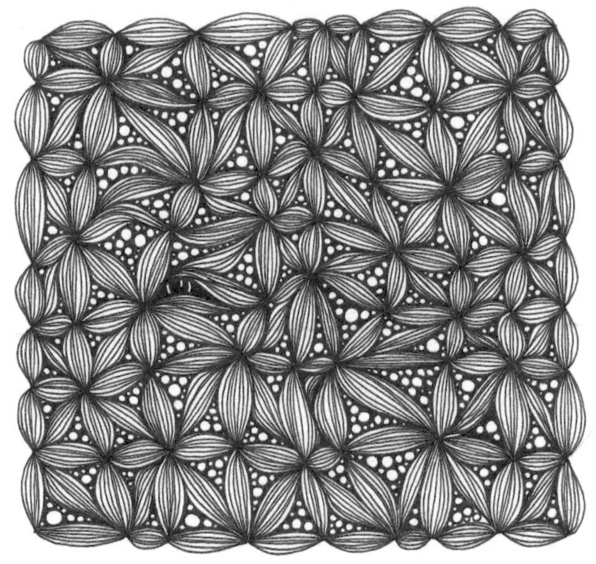

Stark verändert

Nehme ich dich wahr
Übel gelaunt. Ziehst dich zurück
Bist nicht bei mir – unnahbar

Hast du irgendeinen Plan
Wie verletzend es ist
Wenn ich dich etwas frage
Und du einfach nicht sprichst

Wenn du vor mir die Türen schließt
Ich dich dahinter leise lachen höre
Ständig das Handy in der Hand
Gibst du mir das Gefühl, ich störe

Ich bin am Verzweifeln
Merkst du das nicht?
Siehst du nicht die Angst
In meinem Gesicht?

-৸-

Deine Worte

Ließen mich arg zittern

Mein Herz spürt ich im Anschluss

In tausend Teile splittern

Dann war ich allein

Stand da und war zerstört

Und hab nur noch die Scherben

Zu Boden fallen gehört

-⁄\/-

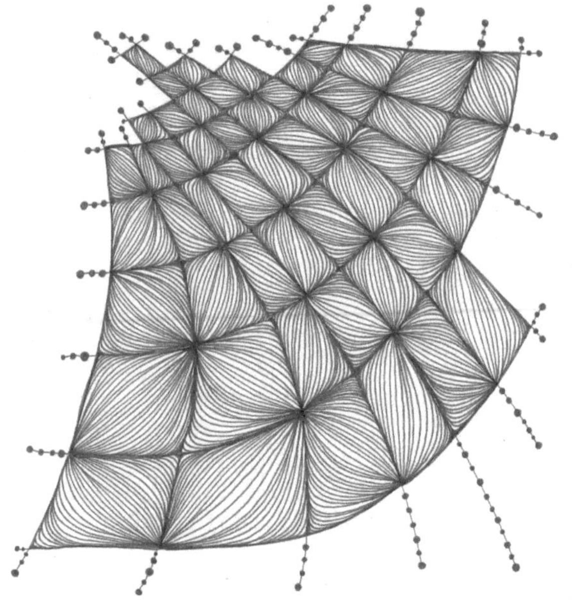

©Steffi Lofeldt

Verfühlt

Hallo
Hier spricht dein Herz
Ich bin untröstlich
Wir sind so voller Schmerz

Hab mich erschrocken, erlebte ihn
Heut mit dir so unterkühlt
Es tut mir leid, ich fürcht
Ich hab mich bei ihm arg verfühlt

-∿-

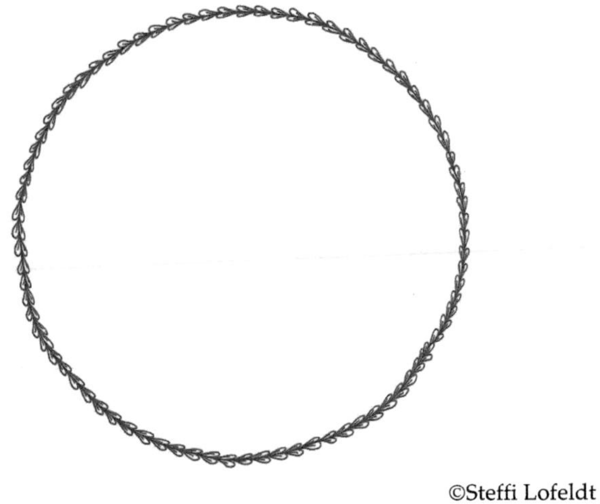

Ohne dich

Ist das Leben nur ein
Mit Luft gefüllter Raum

Nachts, wenn ich schlafe
Dann ist da noch Liebe
So viel Liebe in meinem Traum

Ohne dich
Ist mir immer kalt
Mein Herz, es friert

Wünscht
Ich könnt die Zeit verstellen
Alles wär zurückdatiert

-√-

Vertrauen erschüttert

Wieder eine Lüge
Wieso?
Ich versteh es nicht
Du lässt mich treiben
In einem Meer
Deiner unzähligen
Unwahrheiten
Du sagst sie mir
Einfach so
Mitten ins Gesicht

Ich kehr dir den Rücken
Muss jetzt gehen
Kann es nicht ertragen
Weiß nicht weiter
Die Frage quält
In all den Jahren
Was war echt
Was war gelogen
Und was nicht

-\/\-

Unsere Zeit endet

Mit so vielen Tränen

Und ich dachte

Du wärst mein Für-Immer

Wie es nun weitergeht

Mit mir

Ohne dich

Ich hab echt keinen Schimmer

-\/\-

©Steffi Lofeldt

Ich träume

Verschwunden wär in mir die Leere
Wenn ich nur all die Scherben meines Herzens
Sorgfältig zusammenkehre
Wenn ich es reparier
Alles so, wie es einmal war

In meinem Traum
Bist du einfach wieder da

Dort füllst du mein Dasein mit deinem Leben
Als hätte es das Dunkle zuvor nicht gegeben
Du bist präsent. Du bist und bleibst
Und meine Seele ist es
die vor Dankbarkeit schweigt
Sie ist still und genießt dich. Dein Sein
In meinen Träumen, da bin ich nicht allein

-ʌ/-

©Steffi Lofeldt

Licht und Schatten

Du und ich
So gegensätzlich
Liebe war da
Habens versucht
Niederlage verbucht
Schweren Herzens
Haben uns getrennt
Was hab ich geflennt
Kein Licht ohne Schatten
Kein Schatten ohne Licht
Ohneeinander funktionierte nicht
Zweiter Versuch
Ohne Glück war die Zeit
Endgültig entzweit
Der Verstand kapierts
Mein Herz noch nicht
Vermiss dich kläglich

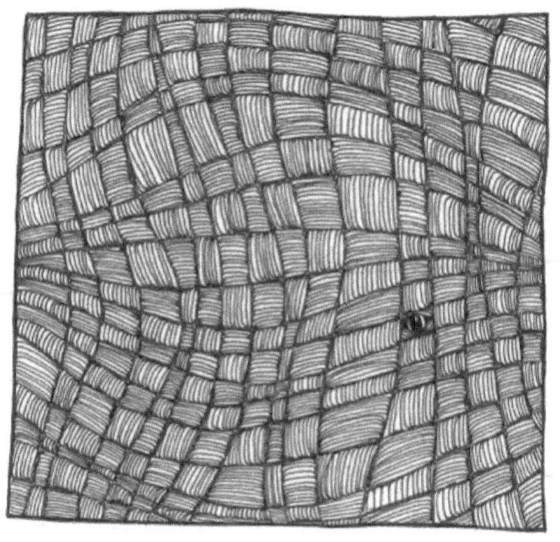

Du hast mir mein Herz verdreht

Es ausgequetscht und leergesaugt
Hast es mit Füßen getreten
Und ich hab trotzdem noch an uns geglaubt

Will dich nicht mehr lieben
Es ist krank – ergibt keinen Sinn
Wenn ich doch nur der Sklave
Deiner Launen und Grausamkeiten bin

-⁄\-

Vergessen

Ich würd dich gern komplett

Ein für alle Mal vergessen

Doch mein Herz lässt dich nicht gehen

Hält hoffen noch für angemessen

©Steffi Lofeldt

Vermissen

Da sind diese Momente
Die ich mit dir teilen möchte
Weil ich weiß, sie würden dir gefallen
Ich möchte dir berichten
Von meinem Tag
Erzählen
Was mich zum Lächeln brachte
Und dann wird mir bewusst
Dass du ja gar kein Teil mehr bist
Von mir
Von meinem Leben
Ich starre auf mein Handy
Dein Name. Deine Nummer
Fotos von dir. Uns
Lese letzte Chats
Wollte dich längst löschen
Aber kann es nicht

Du hast mein Herz genommen

Du nahmst es einfach mit
Jetzt gibst du es mir wieder
Doch nicht in einem Stück

Du wirfst mir vor die Füße
Ein Herz in tausend Scherben
Es tut mir doch arg weh
Doch werd ich nicht dran sterben

Ich fege schnell zusammen
Kleb wohl die ganze Nacht
Und morgen schon, da werd ich
Mit fast heilem Herzen wach

So wie du zu mir warst
So mies die ganze Zeit
Dich endlich zu vergessen
Ich bin dafür bereit

Mit tapferem Herzen
Und ein paar Narben drin
Werd ich dann wieder glücklich
‚Ohne dich' – ist ein Gewinn

Der Anfang vom Ende

Ein Leben mit dir
Ein Graus und noch schlimmer
Ich kanns nicht ertragen
Das geht nicht mehr – nimmer

Ich spüre es deutlich
Das Ende, es naht
Freu mich schon drauf
Danach kommt ein Start

Nach dem bitteren Ende
Wird ein toller Anfang stehen
Und dann wirds wieder
Bergauf mit mir gehen

So hat der Anfang vom Ende
Durchaus was Gutes
Da bin ich doch schon mal
Froh und recht guten Mutes

-\/\-

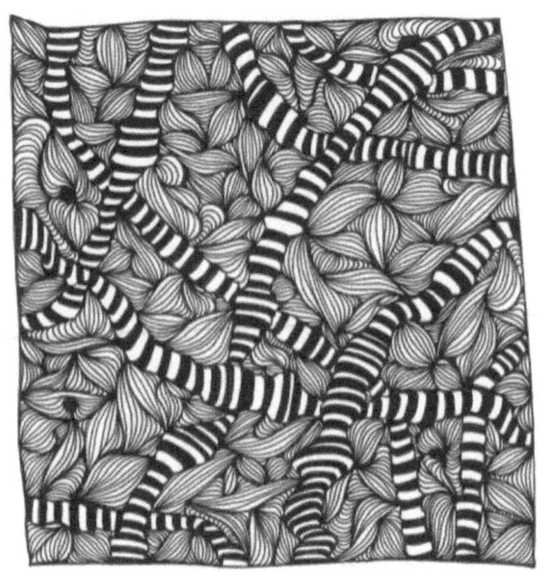

©Steffi Lofeldt

Tieftraurig

In dieser Stille

Verweile ich. Du bist nicht da

Vermiss den Klang unserer Liebe

Brauch dich. Bei mir. Hautnah

Mach es wieder lauter

Komm zurück und liebe mich

Nimm mich in den Arm

Kann nicht leben ohne dich

©Steffi Lofeldt

Manchmal

Wenn ich träum am Tag
Kommst du mir in den Sinn
Ich denk an dich
Und an uns beide
Und geb mich der Erinnerung hin

Ich lächle
Seh dich, hör dich
In Gedanken
Brems mich schnell
Denn zu viel DU
Bringt mich immer noch ins Wanken

©Steffi Lofeldt

Augenblicke

Diese
Erlebten
Kostbaren
Wunderbaren
Augenblicke
Mit dir
Ich fädele sie auf
Wie auf eine Schnur
Meine Kette der Erinnerungen

Jede Perle ist ein Moment mit dir
Sie ist mit Abstand
Das schönste
Und wertvollste
Schmuckstück
Welches ich besitze

-√-

Neubeginn

Hoffnung

Zuversicht

Alles auf Anfang

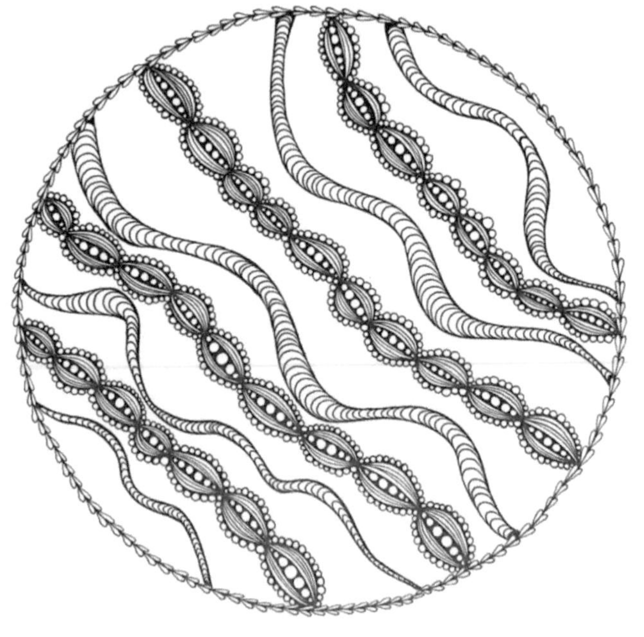

Irgendwann

Wird

Irgendwo

Ein

Irgendwer

Mich

Irgendwie

Verzaubern

Mein Herzchenklein

Da passt ja so viel Liebe rein

Und gerade rast es mit Passion

Für diese eine bestimmte Person

Ist sie es wirklich wert

Dass mein Herz sie so verehrt

Ich hoffe es gar sehr

Denn ich brauch kein Drama mehr

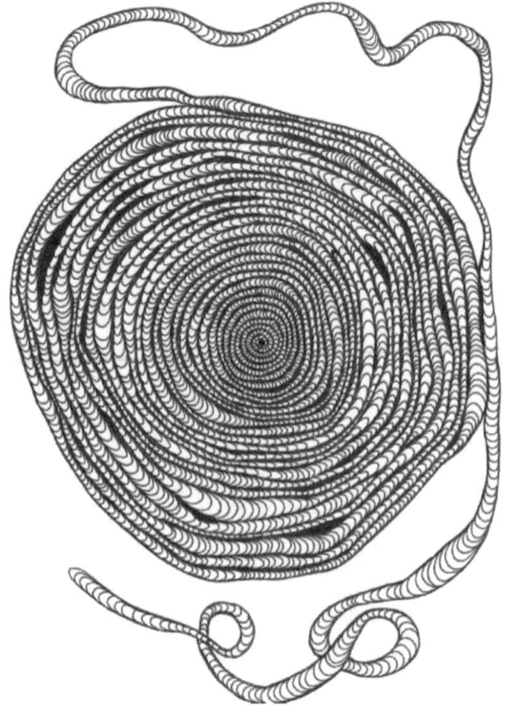

Gefühlsleichtsinn

Ein Herz, das neu liebt
Lässt sich nicht aufhalten
Die Gefühle in ihm
Kann man nicht abschalten

Voller Leichtsinn
Lässt es sich aufs Fühlen ein
Und hofft und sehnt
Es könnt die große Liebe sein

Diese eine wahre Liebe
Für die es lohnt es zu riskieren
Man könnte alles bekommen
Oder eben auch alles verlieren

Liebeskrankes Herz

Schau dich nur an
Du liebeskrankes Herz
Bist voller Narben, ertrugst
Schon so viel Schmerz

Du warst unzählig oft
Fast völlig zerstört
Hast stets die Warnungen
Des Verstands überhört

Kein Wagnis scheust du
Immer wieder alles geben
Denn mit Liebe ist es so viel besser
Dieses eine wunderbare Leben

Achillesverse

Ich traf einen Mann
Er war stark und schön
Dazu noch schlau, mit Humor
Im Ganzen sehr gut anzusehen

Und was dem Achilles seine Ferse
Das war für ihn sein Herz
Er wusst um die Verwundbarkeit
Und fürchtete dessen grausam Schmerz

Der Liebe komplett abgeschworen
Schützte er sich vor seinem Untergang
Er durft sich einfach nicht verlieben
Sonst ihm sein Herz in der Brust zersprang

Einsam starb er, ohne je geliebt zu haben
Dabei hatte er einfach nur nicht zugehört
Die Liebe hätt ihn nicht getötet
Ein gebrochenes Herz nur temporär zerstört

Letztlich war er wie wir alle
Wie wir leiden, wenn Liebe ist vergangen
Doch dass es sich trotzdem lohnt zu lieben
Das hat er einfach nicht verstanden

©Steffi Lofeldt

In Sorgfalt geborgen

Ein Herz
Treibt mitten auf dem Meer
Es droht zu sinken
Ist vor Liebe endlos schwer

Die Wellen treiben es
Letztlich an den Strand
Nun tropft die ganze Liebe
Kläglich in den Sand

Ich wünscht, da käme jemand
Und fände dieses Herz
Würd seinen Wert erkennen
Und trüg es rasch heimwärts

Würd ihm ein Zuhause geben
Und arg lieb versorgen
Würd sich gänzlich kümmern
Ein Herz – in Sorgfalt geborgen

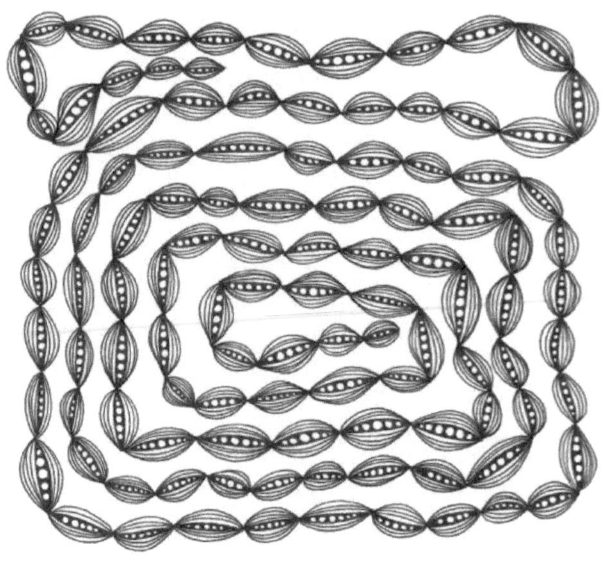

Déjà-vu

Ein Déjà-vu mit dir
Erleb ich ab und an
Dabei kenn ich dich
Doch noch gar nicht lang

Es ist fast so
Als hätts dich schon bei mir gegeben
Irgendwann und irgendwo
In diesem oder letztem Leben

Ausflug ans Meer

Den Kopf an deiner Schulter
Die Füße im Sand
Die Sonne geht unter
Wir verweilen am Strand

Spontan ans Meer gefahren
Welch tolle Idee von dir
Hast mich abgeholt
Schnell waren wir hier

Eine Sandburg gebaut
Durch Wellen gerannt
Gelacht und Erinnerungen
Ins Herz gebrannt

Nun ist Salz auf unserer Haut
Wir sind müde vom Tag
Nimmst mich in den Arm
Wie sehr ich das doch mag

Aus dem Augenwinkel
Seh ich dich an
Rutsch um Millimeter
Noch dichter an dich ran

Vielleicht bin ich verliebt
Der Ausflug ist wunderschön
Wir wollen gleich nach Haus
Will dich bald wiedersehen

„Und was machen wir morgen?“
Sind deine lieben Worte
Und ich sag schmunzelnd
„Mit dir geh ich an alle Orte.“

Deine Hände
Sie streicheln mich
Meine Blicke
Sind alle für dich

Ich will dich küssen
Doch trau mich nicht
Da kommst du näher, deine Nase
Berührt zart mein Gesicht

Unser erster Kuss
So wunderbar wie fliegen
Will für immer
In deinen Armen liegen

Der Beginn von etwas Großem
Ist unser toller Tag am Meer
Auf der Heimfahrt hältst du meine Hand
Und in mir fliegen tausend Schmetterlinge umher

©Steffi Lofeldt

Vorbeigestohlen

Hast du dich
An der Finsternis
Die mich umgab
Du tauchtest ab
In die entferntesten Winkel
Meiner Seele
Um Licht zu finden

Und als du schon dachtest
Da wäre nichts
Als du schon dran warst
Aufzugeben
Da sahst du es
Ein kleines
Ein winziges Schimmern
In der Dunkelheit

Mit all deiner Liebe

Umsorgtest du es

Gabst ihm Kraft

Entlocktest ihm

Ein erstes frohes Leuchten

Stetig wachsend

Bestückt mit Hoffnung

Entzündet von dir

Erstrahle ich heute

Heller als zuvor

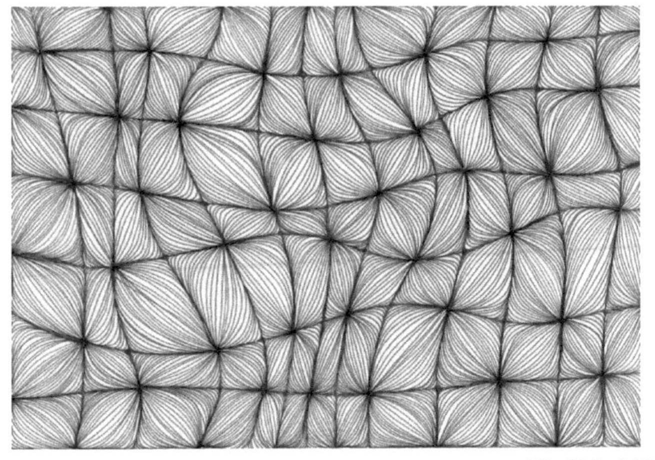

©Steffi Lofeldt

Als du in mein Leben tratst

Spürte ich da dieses

Zuhause-Gefühl in mir

Mir wurde klar

Dass du es bist, auf den ich

Mein ganzes Leben lang

Gewartet habe

©Steffi Lofeldt

Glühwürmchen

Wir haben vor Glück
Geleuchtet in der Nacht
Und unsere Liebe hat uns
Den Himmel nähergebracht

Wir flogen zu den Sternen
Reisten durch die Galaxie
Wir waren zwei Leuchtfeuer
Haben gefunkelt wie noch nie

Später nahmst du
Zärtlich meine Hand
Und hast mich lächelnd
Dein kleines Glühwürmchen genannt

Himmelblau

Sind deine Augen
In denen ich so gerne weile

Ich fall hinein
Bin schwerelos
Und schweb erstmal ne Meile

Lande sanft in deinen Armen
Und fühl mich lieb gefangen

Schließ selig meine Augen
Zart streichst du meine Wangen

Mag mich nicht bewegen
Um den Moment nicht zu verlieren
Du bist mein Zuhaus

Dein leises Lachen
Macht mir eine Gänsehaut
Ich schmunzle
Steh nie wieder auf

©Steffi Lofeldt

Wie eine Droge

Atme ich deine Liebe
Sie macht mich glücklich
Sie macht mich high

In deinem Kosmos
Flieg ich wie berauscht
Glanzvoll. Fürstlich
Und im Herzen Raserei

©Steffi Lofeldt

Mit dir versinken

Liebesleichtigkeit

Wolkenweich und federleicht

Zelebrieren wir

Die Zeit zu zweit

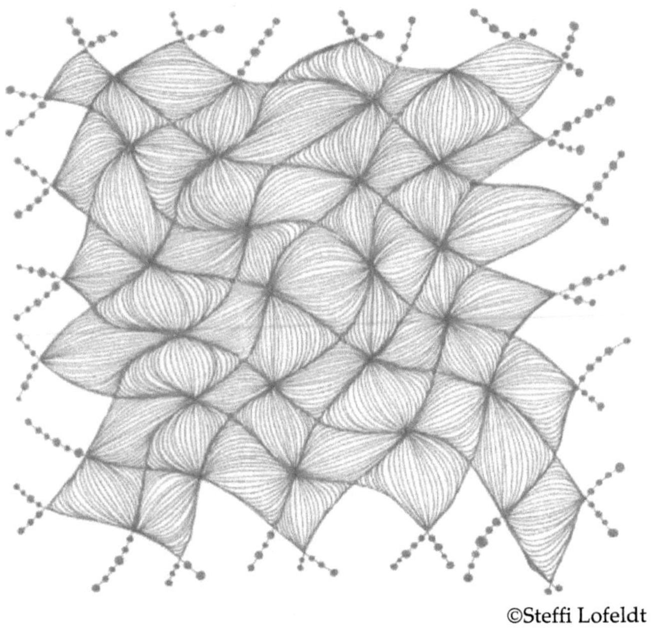

©Steffi Lofeldt

Wimpernschläge mit dir

Sind kostbar wie Diamanten

Du machst mich steinreich

©Steffi Lofeldt

Wir erwachen

Mitten in der Nacht
Das Zimmer ist mondhell
Wir schauen uns an
Ich blicke auf meines Glückes Quell

Du nimmst mich in die Arme
Mein Herz. Es schlägt schnell
Und dann leuchten wir
Mit den Sternen im Duell

Bin dir verfallen
Deine Wärme ist essenziell
Rosarot färbt sich meine Seele
Verträumt in zartem Pastell

Ausnahmezustand Liebe
Wir zwei
Das ist
Sensationell

©Steffi Lofeldt

Verschollen im Verlieben

Wandle wie betäubt durch diese Welt
In der einzig der Gedanke an dich zählt

Verschollen im WIR
Verträumt geh ich durch mein kleines Leben
Und möcht dir all meine Liebe geben

©Steffi Lofeldt

Es fliegen Funken

Wir sind liebestrunken

Unsere Herzen

Glühen wie Wunderkerzen

©Steffi Lofeldt

Eine Nacht Unendlichkeit

Du sagst, mach dich bereit
Denn alles, was uns noch bleibt
Ist diese eine Nacht Unendlichkeit
Du möchtest mich spüren
Dich mit mir im UNS verlieren
Es zählt nur noch das WIR
Grenzenlos im Jetzt und Hier
Möchtest mit mir verdammt hoch fliegen
Und dabei nicht genug von mir kriegen
Erfüllt mit mir in dieser Ewigkeit treiben
Sie inhalieren, sich an ihrer Weite reiben
Sie mit allen Sinnen vollends genießen
Für immer soll sie noch einmal in uns fließen
Und ich willige gerne ein
Mit dir unvergänglich zu sein
Für diese eine Nacht alles zu vergessen
Bewusst lebendig sein, stattdessen
Mit dir tabulos zu existieren
Um noch ein letztes Mal den Himmel zu berühren

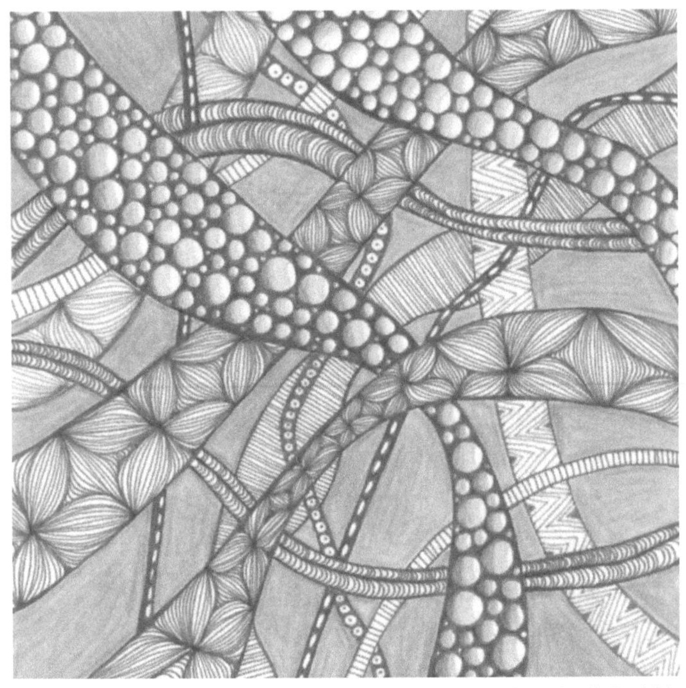

©Steffi Lofeldt

Ein Hauch von dir

Kribbelt noch

Auf meiner Haut

In die Dunkelheit

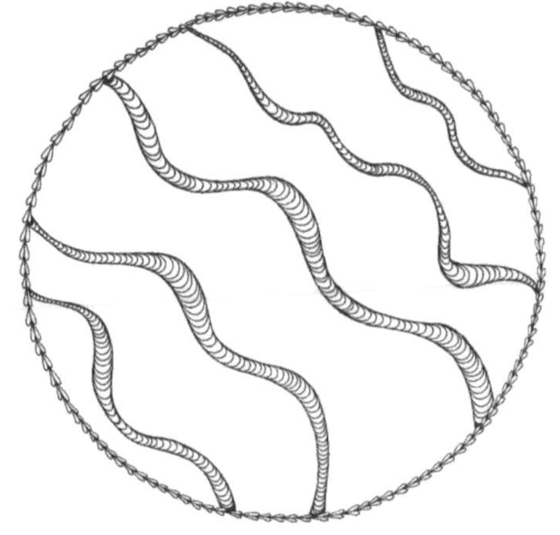

Momentaufnahme

Wo ich eben noch ein Leuchten
In deinen Augen sah
Ist nur ein Wimpernschlag später
Kein Leben mehr da

Dein Schweigen

In der Stille deines Schweigens
Bricht mein Herz mir stumm in tausend Teile
In der Entsetzlichkeit dieser Stille
Verharre ich zitternd eine kleine Weile

Zarte Hoffnung. Atme. Noch einmal
Kann dich noch nicht gehen lassen
Blicke auf unsere Hände treu
Und wie meine deine fest umfassen

Vergebens. Spüre deine letzte Kraft
Wie sie dich verlässt. Ganz leis verschwindet
Zuvor von dir ein winzig wertes Lächeln
Sehe, wie es ein Ende findet

In der Unendlichkeit deines Schweigens
Stecke ich hilflos fest
Deine Wärme schwindet
Das gibt mir schier den Rest

Ich kann nicht
Will dich nicht vermissen
Ich will dich morgen nach diesem bösen Traum
Wieder an meiner Seite wissen

Tausend Gedanken
Alle erzählen sie nur von dir
Wie soll das gehen
Du irgendwo und ich noch hier

Wie soll ich diesen Schmerz ertragen
Der mich ach so grässlich lähmt
Während sich jede Faser meines Körpers
Ausschließlich und ewig nach dir sehnt

In der Stille dieser Augenblicke
Spüre ich deine Liebe, wie sie bleibt
Und wie sie sich wunderbar zart
An meiner geschundenen Seele reibt

Wie sie mein armes Herz
Im Ganzen sanft einnimmt
Und wie dort ein kleiner Funke
Unserer beider Magie erglimmt

Mit diesem Zauber nehme ich Abschied
Von dir – und will das doch nicht
Ein letztes Mal, mein Liebster
Berühr ich dein Gesicht

Schmerzgefiltert

Innerlich grausam entstellt

Wanke ich

In meiner verlassenen Welt

Zerfressen von Traurigkeit

In Tränen nahezu ertrunken

Spüre ich Einsamkeit

Bin orientierungslos in ihr versunken

Was stützt mich noch

Nichts mehr, wenn ich falle

Niemand, der mich hält, wenn ich

Mit voller Wucht zu Boden knalle

Fernweh

Bin dem Fernweh gefolgt
Und reise ans Meer
Stelle mir vor
Dass ich nicht alleine wär

Dass du neben mir sitzt
Und wir gemeinsam fahren
An unseren liebsten Ort
An dem wir immer so gerne waren

An dem wir verweilten
Unten am Strand
An dem wir spazierten
Hand in Hand

Tränenmeere weine ich
Bei den Gedanken an dich
Weil ich UNS so sehr vermisse
Dieser Schmerz ist ewiglich

Dieser eine Ort
Bringt dich zurück
Jede Ecke erinnert mich
An unser Glück

Steh ganz vorn an der Brandung
Blicken. Fühlen. Lauschen
Für Momente kann ich meine Trauer
Gegen ein kleines Lächeln tauschen

Stell mir vor du bist ein Sonnenstrahl
Bist die Gischt
Und auch der Wind
Der mir die Tränen wegwischt

Eine Möwe fliegt vorüber
So grell ist ihr Schrei
Und über mir ziehen
Kleine Wolken vorbei

Alles ist wie früher
Nur eine Sache nicht
Ich schließe die Augen
Und seh in dein Gesicht

Im Geiste bist du da und ich
Vor Sehnsucht am Ertrinken
Würde doch so gern wie einst
In deinen Augen versinken

Erinnere mich an ihr Leuchten
An deine Wärme. Dich zu Lieben
Diese Rückblicke geben mir für Momente
Seelenfrieden

Ich bin dem Fernweh gefolgt
Und reiste ans Meer
Stelle mir unentwegt vor
Dass ich nicht alleine wär

Sitz hier noch ne Weile
Bis es letztlich dunkel ist
Bis die liebe Sonne
Gänzlich versunken ist

Und mit ihrem allerletzten Schein
Hab ich dir nen Kuss geschickt
Und ich hab dabei im Geiste
Zu dir, hinter den Horizont geblickt

©Steffi Lofeldt

Hab gespürt

Wie meine Seele
In tausend Stücke brach
Und mir Splitter für Splitter
In meine Eingeweide stach

Es war so, dass jede Bewegung schmerzte
Und selbst das Atmen äußerst schwierig war
Und ich weiß noch, wie ich mein armes Herz
In blutigen Fetzen daliegen sah

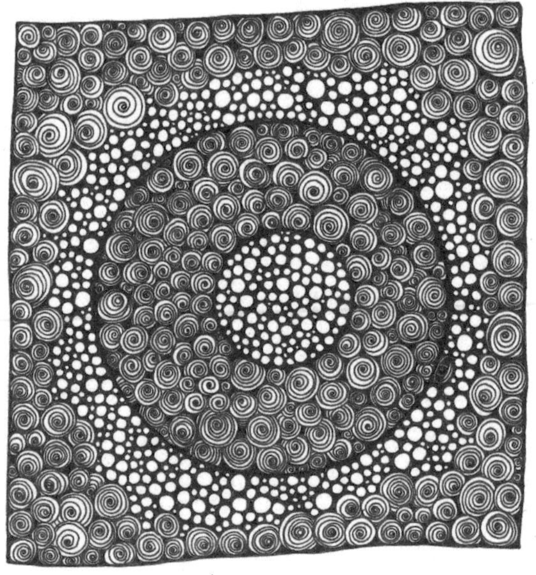

Fragmente deiner Anwesenheit

Hallo mein Schatz
Gerade habe ich zwei Stunden
An deinem Grab gesessen
Ich habe deinen Namen gelesen
Viele Male … unzählig oft
Nun bin ich wieder zu Hause

Deine Schuhe
Stehen noch auf dem Flur
Gleich neben der Tür
So
Als wärst du gerade eben nach Hause gekommen
So
Als würdest du gleich wieder loswollen

Dein Schlüssel liegt noch in der Küche
Deine Tasse verweilt auf der Spüle
Deine Jacke hängt über dem Stuhl
Und die letzte Flasche Wasser, aus der du trankst
Steht nach wie vor auf dem Tisch

Im Schlafzimmer lagen überall
Deine Sachen herum
Ich habe sie weggeräumt
Aber es gefiel mir nicht
Ich legte alles wieder so hin
Wie du es hinterlassen hast

Ich trage deinen Lieblingshoodie
Er riecht nicht mehr nach dir
Deine Düfte im Bad bringen Abhilfe
Dein Parfum … Deo … Duschgel
Genüsslich atme ich ein

Du lächelst mich an
Von den Fotos in unserer Wohnung
Du sprichst noch die Ansage
Auf unserem Anrufbeantworter

… und jede Nacht
Werde ich wach
Starre auf das leere Kissen neben mir
Streiche über den kalten Stoff

Jede Nacht
Gehe ich auf die Suche
Nach dir

Suche Fragmente
Deiner Anwesenheit

Suche Spuren
Bruchstücke
Erinnerungen
Gedankenfetzen

In jedem Raum finde ich sie
Sie geben mir Halt
So
Als wärst du noch da
So
Als wärst du nie fortgegangen

Ohne sie
Hätte ich mich wohl längst aufgelöst

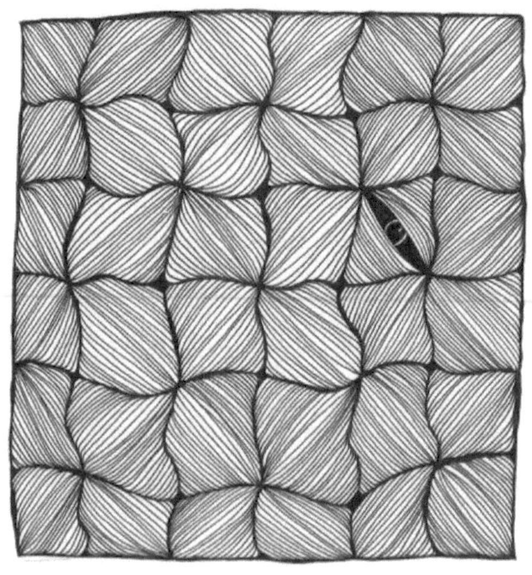

©Steffi Lofeldt

Farbenblind

Seitdem du fort bist

Ist alles

Grau in grau

Seitdem du fort bist

Bin ich gänzlich

Farbenblind

💔

Eine schöne Muschel

Liegt bei mir am Bett

Und halt ich sie ans Ohr

Rauscht sie furchtbar nett

Du hast sie mir geschenkt

Hast sie direkt vom Meer

Erinnert mich an dich

An dich denken mag ich sehr

Viel zu lange

Nicht gesehen

Ich werd mal eben

Zu dir gehen

Steh nun am Meer

Seh weit hinaus

Hinter den Wolken

Guckt jetzt die Sonne raus

Lausch den Wellen

Im Original

Sende dir Grüße

Gleich zig-mal

Wo der Himmel

Den Ozean küsst

Da ist es

Wo du jetzt bist

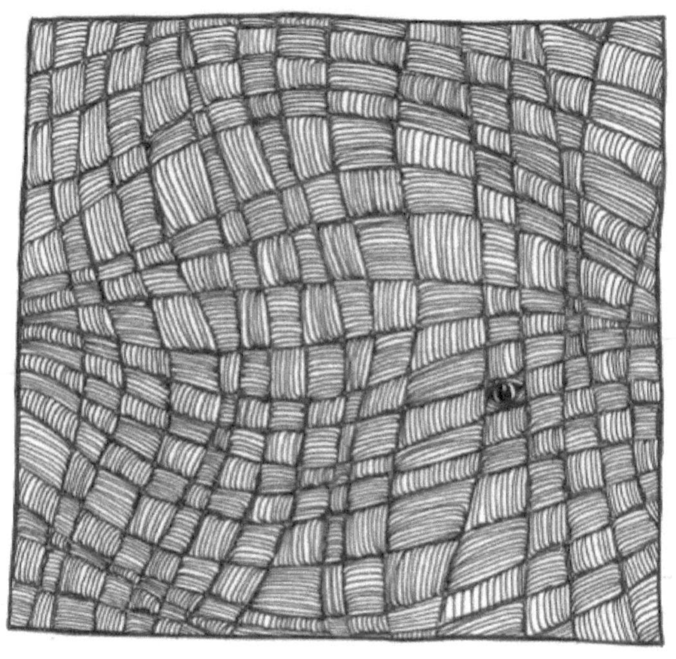

©Steffi Lofeldt

Es fühlt sich an

Wie der letzte Akt

Seitdem du fort bist

Seelenfehltakt

©Steffi Lofeldt

Deiner Liebe Funkeln

Schattendasein
Das Licht da draußen, das meide ich
Hab mich für Dunkelheit entschieden
Denn hier stört man mich nicht

Mein Kummer, mein Elend, mein Leid
Hier kann ich damit eins sein
Kann in Ruhe sinnen, weinen
Wie schön ist es doch mit mir allein

Seitdem ich dich verloren hab
Meide ich gänzlich andere Leben
Denn die Isolation kann mir tatsächlich
Wieder etwas Frieden geben

Keine Stimme, kein Lachen erreicht mich hier
Es ist so herrlich still
Hier in meiner Finsternis
So, wie ich das will

Dein Verlust
Ist ein zäher Schmerz
Ich spür ihn nicht nur
In meinem armen Herz

Jeder Winkel in mir
Schreit auf – ohne Unterlass
Ich ertrag ihn tapfer, denn so
Hab ich von dir noch was

Manchmal nimmt er mir den Atem
Manchmal drückt er mich so fest
Und nicht selten denke ich
Nun geht es auf den Rest

Dann lässt er mich los
Und ich atme schwer
Und ich stelle mir vor
Dass es deine Liebe wär

Die mir zeigt
Sie ist noch da
Die mir zeigt
Du bist mir nah

So erleb ich dich
Und etwas deiner Liebe Funkeln
So sitz ich hier
Allein im Dunkeln

Gezeiten

Ich sitz am Strand
Das Wasser kommt
Das Wasser geht
Es kommt. Es geht

Ein Blick neben mich
Da ist niemand mehr
Der Sand ist kühl
So wie mein Herz

Ich bin verloren
Ohne dich
Und ich kann auf ewig
Die Gezeiten abwarten

Das Wasser kommt
Das Wasser geht
Ich bleib allein
Ich bleib allein

Als gestern

Der erste Winterregen fiel
Der erste
Nachdem du fort bist
Ging ich hinaus
In die bitterkarge Welt
Sah in den grauen Himmel
Weinte mit ihm um die Wette
Ich blieb draußen
Bis ich nass war
Durchnässt
Bis auf die Haut
Bis ich Kälte spürte
Nichts
Als nur klirrende Kälte
Ich zitterte am ganzen Leib
Ich blieb draußen
Bis die Kälte gänzlich
Meinen inneren Kern erreicht hatte
Sich der fallende Regen
Wie Eis
Auf meiner Haut anfühlte
Scharfkantig
Einschneidend

Schmerztränen
Elende Frostigkeit
Unerträglich
Es quälte
Ich litt fürchterlich
War nahezu erfroren
Ich blieb draußen
Denn für Momente
Etwas anderes zu spüren
Als deinen Verlust
Tat gut
Und für Augenblicke
Etwas anderes zu fühlen
Als mein gebrochenes Herz
Tat gut
Für eine kurze Weile
Nicht immerzu nur
An dich zu denken
Tat gut

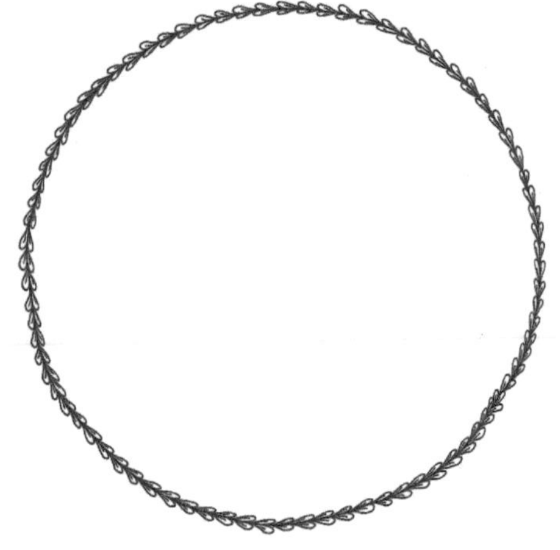

©Steffi Lofeldt

Alles ist nichts

Laut ist leise
Spüre Leere
Auf grausame Weise

Groß ist klein
Stark ist schwach
Kann nicht schlafen
Bleib die Nächte wach

Hell ist dunkel
Leben ist Tod
Schwarz die Erde
Meine Liebe rot

Millionen von Tränen

Laufen meine Wangen hinab
Und ich frage mich wie viele
Ich davon noch hab

Flüsse weine ich
Es schmerzt fürchterlich
All meine Gedanken
Drehen sich nur um dich

Du fehlst mir, so plötzlich
Bist du nicht mehr da
Hab mich doch immer an dir festgehalten
Wenn ich unsicher … ruhelos war

Nun greif ich ins Leere, da ist niemand
Und ich rase. Verlier mich gnadenlos
Hab ein krass zerstörtes Herz
Und Ängste riesengroß

Du machtest stets einen jeden Sturm
Für mich ganz still und leis
Nun ist es markerschütternd laut
Und ich drehe mich im Kreis

Gänzlich aus der Bahn geworfen
Schweb ich im unbekannten Orbit
Und deine Liebe wunderbar
Die nahm ich mit mir mit

Ich drück sie an mich
Ganz fest halt ich sie bei mir
Sie ist alles, was noch bleibt
Ich pass gut auf, dass ich sie nicht verlier

Und während ich so falle
Mich drehe, rase, haltlos bin
Da schlaf ich ein und träume
Reise im Traum scheinbar irgendwo hin

Ich sehe dich
Dort, wo du jetzt bist
Und es sind Bilder
Die man so schnell nicht mehr vergisst

Dein Lächeln, deine Augen
Du rufst meinen Namen
Ich laufe zu dir
Und versink in deinen Armen

Ein Traum. Mit einem Glitzern Glück bestückt
Gibt Hoffnung auf ein Wiedersehen
Denn hinterm Horizont, da will ich
Erneut an deiner Seite gehen

Du sagst im Traum
Du würdest auf mich warten
Und wenn es soweit ist
Würden wir ganz neu starten

Am Ende steht unsere Ewigkeit
Unsere Liebe – du und ich
Und dauert es noch viele Jahre
Am Ende empfängst du mich

Bis dahin, sprachst du weiter
Sammele Erinnerungen, Momente
und Geschichten
Und wenn wir wieder beisammen sind
Soll ich dir davon berichten

Sei glücklich, lache und lebe
Hast du mir nah gelegt
Und dabei in meine Augen gesehen
Lieb meine Sinne erregt

Ich erwache
Bin emotional erschlagen
So real war dieser Traum mit dir
Wollt dich noch so viel fragen

Mein Schmerz um dich, er bleibt
Nichts hier macht ihn klein
Doch nach diesem schönen Traum
Fühl ich mich ein Stück weniger allein

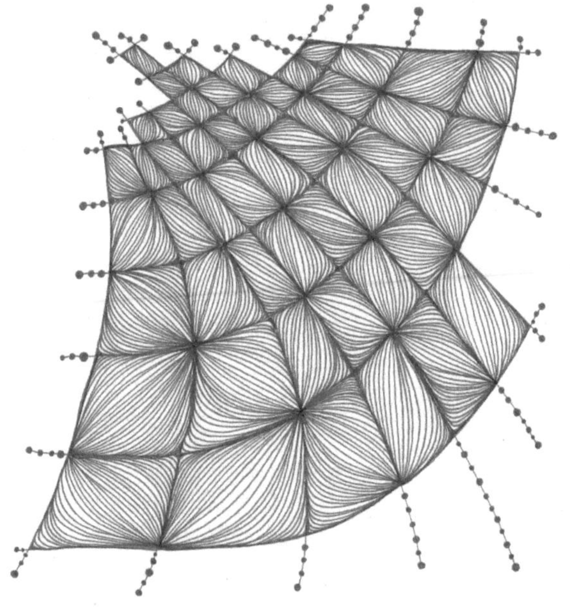

©Steffi Lofeldt

Im Ozean des Lebens

Dem weiten
Erleide ich Verlustgezeiten

Immer mehr und niemals nicht
Merk ich wie mein Herz mir sticht

Ständiges Kommen und Gehen
Vor Kummer blind und wieder sehen

Es ist unfassbar laut
Dann Stille und Gänsehaut

Ein Schritt vor, zwei zurück
Verlier mich. Stück für Stück

Die Strömung. Die Wellen
Traurigkeit in allen Zellen

Bei Ebbe, ganz bewusst
Erleb ich den Verlust

Hin und her und her und hin
Ich suche nach dem irren Sinn

Finde ihn nimmer
Frag mich immer

Warum bin ich noch hier
Warum nicht bei dir

Halb zerrissen. Halb am Leben
Hab ich mich ergeben

Treibe im Ozean des Lebens, dem weiten
Erleide Verlustgezeiten

©Steffi Lofeldt

Umarmungen

Ich erinnere mich an deine Umarmungen
Wie wunderbar wohlig
In eine warme Decke gehüllt
So fühlten sie sich an
Das stete Gefühl
Nichts Böses könne mich je erreichen
Solange ich dir nur nah bin
Umgab mich

Geborgenheit und Liebe
Liebe wie ein Zauber
Deine Liebe zu spüren war wahrlich magisch

©Steffi Lofeldt

Laterne

Eine Laterne geht auf Reisen
Nur für dich, mein lieber Schatz
Ich hoffe, du kannst sie sehen
Dort oben auf deiner Wolke

Ich sehe in das flackernde Licht
Bin traurig
Vermiss dich
Wünsch mir dich an meine Seite
Wünsch mir Zeit mit dir
Eine Umarmung. Ein Blick. Worte
Dein erfrischendes Lachen kommt mir in den Sinn
Deine Stimme
Ich erinnere mich an deine Warmherzigkeit
Deine Güte
Deine positive Art
Du warst für mich da

Ich lasse die Laterne zu Wasser
Sie treibt hinaus. Immer weiter
Ich blicke ihr nach
Sie geht auf Reisen
So wie meine Gedanken an dich

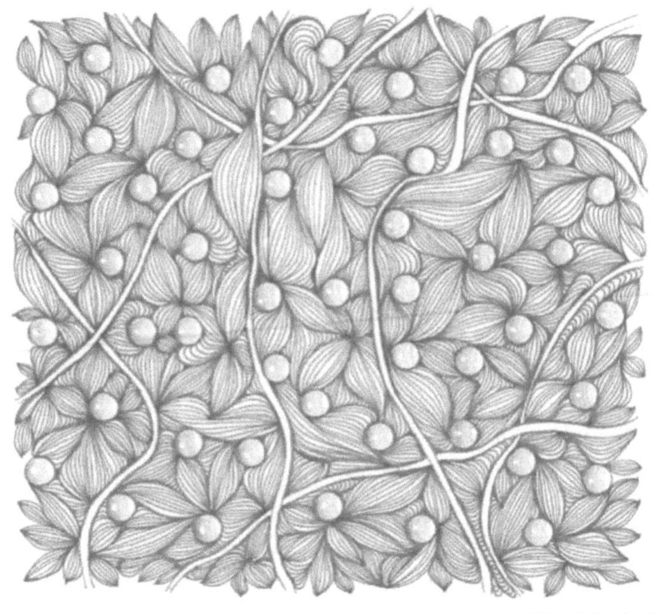

In der Vergangenheit versunken

Momente, die ich nie vergesse
Träum ich mir ein bisschen WIR zurück
Wunderbare Denkprozesse

Und während ich so denke, träume
Umgibt mich plötzlich eine Wärme
Ich stell mir vor, das wärst du
Wärmst mich lieb. Und ich, ich schwärme

Wär doch die Zeit ein goldener Faden
Und könnt ich ihn aufrollen, wie feines Garn
Dann wär ich fleißig. Würd erst stoppen
Geborgen liegend in deinem Arm

Das letzte Kapitel

©Steffi Lofeldt

Das letzte Kapitel der Liebe

Es begann
Mit Schmetterlingen im Bauch
Mit Nervosität und wild schlagenden Herzen
Mein Liebster – mit dir

Es begann
Als meine Liebe in dein Herz strömte
Als ich mich in dich verliebte
Und du dich in mich

Es begann
Als das Glück in mein Leben einzog
Als ich bei dir ankam
Um für immer zu bleiben

Das letzte Kapitel begann
Mein Liebster – mit dir
Es währt immerfort und
Es endet nicht mit dem Tod

©Steffi Lofeldt

Alte Liebe

Verzauberst mich

Seit dem Tag, an dem du mir

Begegnet bist

Alte Liebe

Frisch wie einst

Geborgen in Erinnerungen

Die man nie vergisst

Mein Herz feiert dich

Meine Seele betet dich an

Weil mein Leben mit dir

Um so viel schöner ist

Eine Liebeserklärung

SIE ist aufbrausend, leidenschaftlich und wunderschön
ER ist ihr Ruhepol, verlässlich und unglaublich stark

…

Meine Liebste,
Ich danke dir für deine
Immerwährenden Liebkosungen
Für intensive, gefühlvolle Küsse
Die du mir schenkst

Du bist sanftes Umschmeicheln und wilde Energie
Du bist mein Ein und Alles
Bist mein Schicksal

Ich bade so gerne in dir
Umschlossen von dir
Spüre ich Verlangen
Spüre ich Liebe

Du

Bist mir das Seligste

In stürmischen Zeiten

Brich dich stets an mir

Ich werde dich halten

Und schäumst du vor Wut

Ich werde dich halten

Immer

Solange es in meiner Macht steht

Werde ich

Oh, meine liebste Welle

Dein Fels in der Brandung sein

Der Fluss aus Tränen

Er fließt
Wenn du traurig bist
Er wird niemals austrocknen
Er fließt weiter bis ins Meer
Ins Meer der Traurigkeit
Dort treiben die Tränen fort
Die Wellen tragen sie weiter
Immer weiter
Und spülen sie schließlich an den Strand
An den Strand der Ewigkeit
Es dauert nicht lange
Bis kleine Bäume dort wachsen
Wo die Tränen versickert sind
Sie nennen sich
Bäume der Hoffnung
An ihnen wachsen Früchte
Die schnell reif sind

Sie enthalten ein Pulver
Das Pulver des Glücks
Der Wind trägt es zu uns Menschen
Nachts, wenn wir schlafen
Manche Menschen
Profitieren davon
Ihnen wird Glück begegnen
Manche Menschen gehen leer aus
Dieses Mal
In dieser Nacht
Diese werden weinen
Und der Fluss aus Tränen
Wird wieder fließen
Mehr Tränen
Mehr Bäume
Mehr Pulver des Glücks

*

Der Fluss aus Tränen
Wird niemals austrocknen
Er wird weiterfließen bis ins Meer
Ins Meer der Traurigkeit

Wohl & Schmerz Liebe

Liebe ist **wohl**tuend

Liebe ist **schmerz**haft

Persönliches

Liebe Leserin, lieber Leser,

mit diesem Gedichtband wird einer meiner Träume wahr. Seit vielen Jahrzehnten schreibe ich meine Gedanken auf. Sammle Texte in Tage- und Notizbüchern und seit einigen Jahren auf meinem Computer. Das Schreiben ist jeher eine große Liebe.

Vor etlichen Monaten begann ich auf meinem Instagram-Account mein Gedankengut ein erstes Mal zu veröffentlichen und lernte auf diesem Wege besondere Menschen kennen, die mich seitdem unterstützen, mich inspirieren und mich immer wieder daran erinnern, dass es sich lohnt, mit dem Schreiben weiterzumachen. Danke an euch, meine lieben Autoren-Kolleginnen und Kollegen.

Das Malen und Zeichnen habe ich erst im vorletzten Jahr für mich entdeckt und bin dabei, mich ständig weiterzuentwickeln. Die Idee, ein Buchcover selbst zu gestalten, kam mir bei der Durchsicht meiner Werke. Ich entschied mich für ein Bild, welches verschiedene Muster darstellt. Es hat viele Facetten – wie die Liebe auch.

Apropos Liebe … Ein besonderer Dank geht an meinem Mann, der mich mit ganzem Herzen unterstützt und sich stets tapfer meine Texte als Erster anhört. Big Love.

Wenn dir meine Gedichte und Gedanken in diesem Buch gefallen haben, kann ich frohe Kunde tun, denn das nächste Buch-Projekt ist bereits in Vorbereitung.

Viele Grüße
Deine Steffi

Wohl & Schmerz Liebe 2

83 neue Gedichte

ISBN 978 37693 78085

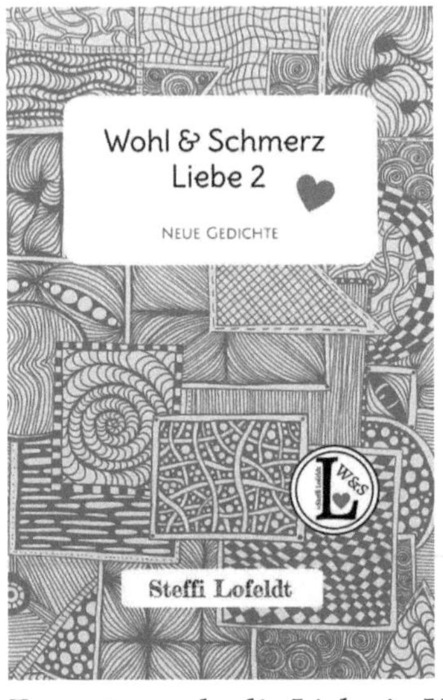

Klappentext

Das Buch Wohl & Schmerz Liebe 2 ist die Fortsetzung eines Gedichtbands, der mit viel Poesie gespickt in alle Facetten der Liebe eintauchte und auf eine emotionale Reise einlud. In diesem Band wird es mit 83 neuen Gedichten ein weiteres Mal gefühlvoll.

Erneut wurde die Liebe in Verse verflochten. Unterteilt ist dieses Buch in drei emotionale Kapitel: Wohl, Schmerz und Liebe. Allumfassend gibt es Gedankengut übers Lieben, Verlieben und Glücklichsein. Geborgenheit finden, Zuneigung erfahren. Texte zum Träumen und Schwärmen. Und es gibt Gegensätzliches. Herzen brechen und sind oft erfüllt von tiefer Traurigkeit. Es geht ums Loslassen, Verlassen, Vermissen. Ums Entlieben. Freigeben. Ums Trauern. Liebe ist wohltuend. Liebe ist schmerzhaft.

Nicht mehr ohne dich

Rike & Finn

ISBN 978 37693 01687

Klappentext

Nicht mehr ohne dich erzählt die Geschichte von Rike und Finn. Sie ist 24 und er ist 29 Jahre alt. Jeder für sich steht mit beiden Beinen fest im Leben. Als sie sich begegnen, ist plötzlich alles anders. Alles neu. Zwischen ihnen wird es aufregend und turbulent.

Sie sehnen sich nach Harmonie und Unbeschwertheit und das ist manchmal gar nicht so einfach. Anziehungskraft ist definitiv vorhanden, oh, ja … wären da nur nicht die lästigen Baustellen, die das Leben so schreibt. Der blaue Gambio-Ball schmückt das Cover. Er steht für Geschichten rund um das Thema ‚Der perfekte Tausch'. Was werden Rike und Finn in diesem Buch wohl tauschen?

Malmonente

Kreativbuch / Malbuch

ISBN 978 38192 94884

Klappentext

Auf insgesamt 106 Seiten bist du herzlich eingeladen, deiner Fantasie freien Lauf zu lassen und künstlerisch aktiv zu werden. Es gibt Kritzelmomente und Kreativmomente, hier hast du viel Platz für eigene Ideen. Du kannst Neues kreieren und Vorhandenes ergänzen. Zudem findest du etliche Zeichnungen zum Ausmalen, Anmalen und Nachmalen. SEI KREATIV, probiere dich aus und hab vor allem viel Spaß und Freude dabei. It's all about creativity.

Kurzgeschichtenverse

Eine Sammlung in Reimen

ISBN 978 38192 44162

Klappentext

Eine schwerverliebte Meerjungfrau, ein Mann, der in einem Baum lebt, eine mysteriöse Sanduhr und eine Henne, die nicht immer eine war. Ein Pianist, der ständig rumkommandiert, ein Opa, der gerne Seemannsgarn spinnt, und zwei Fische auf ihrer Reise ins Glück. Ein eitles Pferd, ein vegetarischer Puma, ein Fahrstuhlerlebnis, ein furchterregendes Haus und ein Geheimnis im Wald. Und und und ... Insgesamt 71 Kurzgeschichten in Versform bietet diese Sammlung. In vier Kapiteln gibt es jede Menge Frühlingsgefühle, viele Sommer-Sonnenstrahlen, heftige Herbststürme, Winter- und Weihnachtszauber. Dazu kommen Texte über Freundschaft, Familie und Liebe. Zum Schmunzeln. Zum Innehalten. Erzählt wird vom Leben und wie es so spielen kann. Es gibt Träume und Wünsche, Ganz viel Fantasie. Es wird abenteuerlich, spannend, und auch mal gruselig. Die Gedichte werden von Zeichnungen begleitet. Kreiert von Marie Kahle, Emma Krützfeldt und der Autorin.